# Mitos de Animales

por Mary Holland

## Mito: Los puercoespines lanzan sus púas

Los puercoespines no pueden correr muy rápido. La única protección que tienen son unos pelos especiales llamados púas. Las púas son huecas. Sus puntas son afiladas y están cubiertas de ganchos diminutos. Si se asustan, los puercoespines se pliegan dentro de su cabeza, sacan sus púas y lucen como un cojín grande de alfileres.

Puede que hayas escuchado que los puercoespines pueden lanzar sus púas.

Esto no es cierto. Pero si un animal toca un puercoespín, las púas se quedarán pegadas a la piel del animal.

## Mito: Las mofetas rocían inmediatamente cuando se asustan

Muchas personas temen a las mofetas rayadas porque les preocupa que estas las rocíen. Las mofetas solamente rocían si están muy asustadas. Incluso ofrecen bastantes advertencias. La primera cosa que hacen cuando están asustadas es silbar y levantar su cola sobre su espalda. Seguidamente, estampan sus patas delanteras sobre el suelo. Si no te vas, entonces voltearán su cuerpo en forma de U para que su cabeza y trasero miren hacia ti. Si continúas acercándote, ¡puede que te rocíen!

No trates de sostener una mofeta por su cola— ¡igualmente puede rociarte!

# Mito: Ciego como un murciélago

¡Los murciélagos no son ciegos! Estos tienen ojos y pueden ver muy bien. Sin embargo, para encontrar insectos y alimentarse, estos dependen más de sus orejas que de sus ojos.

Los murciélagos hacen un sonido agudo que rebota en los insectos de vuelta hacia los primeros. Esto les indica a los murciélagos dónde están los insectos, incluso si está totalmente oscuro. Esta forma de encontrar algo se llama ecolocalización.

# Mito: Tocar un sapo hará que te salgan verrugas

¡Sostener un sapo con tus manos no te enfermará ni te provocará verrugas!

Los sapos están cubiertos de protuberancias. En el interior de algunas de estas protuberancias, o glándulas, hay un líquido venenoso que te enfermaría si te comieras al sapo.

Los sapos usan el veneno para protegerse de serpientes y otros animales que podrían querer comerlos (depredadores). Si un perro agarra un sapo con su boca, el perro comenzará a botar espuma por la boca y soltará al sapo de inmediato.

Aunque no te saldrán verrugas si sostienes a un sapo, ¡puede que se orine en tus manos!

## Mito: Las libélulas cosen la boca o pican

Las libélulas pueden volar, ¡pero no son dragones! Debido a que las libélulas son largas y delgadas, y lucen un poco como una aguja de coser, las personas creían que podían coser tu boca, orejas o labios mientras estuvieras durmiendo. Y otras personas piensan que las libélulas pican.

Las libélulas no pueden coser ni picar, y no te harán daño.

Las únicas criaturas que deben temer a las libélulas son los insectos con las que estas se alimentan.

## Mito: Las marmotas comen madera

¿Cuánta madera podría masticar una marmota si las marmotas pudieran masticar madera? Es divertido intentar decir esto velozmente, pero sabemos que las marmotas no comen madera. Estas comen otras plantas, incluyendo pasto, dientes de león y tréboles, pero no comen árboles.

Las marmotas cortan los tallos de las plantas con sus cuatro dientes frontales (incisivos), los cuales nunca dejan de crecer. Mantienen sus dientes cortos al cortar plantas para comer y triturando sus dientes entre sí.

## Mito: Los pájaros bebés no comen mucho

¿Alguien te ha dicho alguna vez que comes como un pájaro? Cuando alguien dice eso, generalmente quiere decir que no tienes mucho apetito y solo comes una porción pequeña de comida.

No obstante, los pájaros, especialmente los jóvenes, comen MUCHÍSIMO. ¡Un pájaro joven que aún esté en el nido (polluelo) y que sea alimentado por sus padres puede comer diez comidas al día!

## Mito: Los búhos pueden girar completamente sus cabezas

Sin mover tu cabeza, ¿puedes ver para un lado y luego para el otro? Los búhos no pueden hacer esto.

Los búhos tienen una excelente visión, pero sus ojos se mantienen fijos en sus cabezas. Solamente pueden ver de frente. Si quieren ver hacia el otro lado o hacia atrás, deben girar su cabeza en esa dirección.

Para poder mover su cabeza tres cuartos hacia el otro lado, los búhos tienen 14 huesos en el cuello—¡el doble con relación a los humanos!

Pueden girar su cabeza por completo, pero no totalmente.

## Mito: Las tortugas salen de sus caparazones

Las tortugas tienen un caparazón superior (coraza) y un caparazón inferior (plastrón). Su caparazón superior está compuesto casi completamente por costillas planas y una columna vertebral. El cuerpo de una tortuga está pegado a sus costillas, al igual que nuestro cuerpo está pegado a nuestras costillas.

¡Una tortuga no puede caminar afuera de su caparazón al igual que tú no puedes separarte de tu esqueleto!

# Mito: Las serpientes son babosas

Muchas personas creen que las serpientes son babosas. ¿Alguna vez has tocado una serpiente? Si lo has hecho, entonces sabes que no son babosas en absoluto. El cuerpo de una serpiente está cubierto de escamas secas que se superponen. Las escamas están hechas del mismo material que tus uñas de manos y pies (queratina).

Las serpientes usan sus escamas para protegerse y ayudarse a adherirse sobre el suelo cuando se mueven.

## Mito: Los osos negros hibernan

Los osos negros se van a dormir en otoño y no comen, toman, orinan o hacen caca durante todo el invierno. Pero pueden despertarse durante el invierno si se les molesta y cuando dan a luz. A este tipo de sueño largo se le llama letargo.

Los animales que realmente hibernan, como la marmota, el murciélago y el ratón saltador, duermen tan profundamente que no se despiertan hasta que llega la primavera, incluso si se les molesta.

## Mito: Las zarigüeyas cuelgan de sus colas

Puede que hayas visto caricaturas de zarigüeyas que cuelgan de cabeza sosteniéndose con sus colas. Aunque tienen una cola especial con la que pueden agarrarse de ramas y hojas (prensil), las zarigüeyas no cuelgan de ella. También la usan como sus pies para ayudarse a sostenerse mientras escalan árboles. Adicionalmente, la utilizan para agarrar hojas y otros materiales para llevar a sus madrigueras y hacer sus camas.

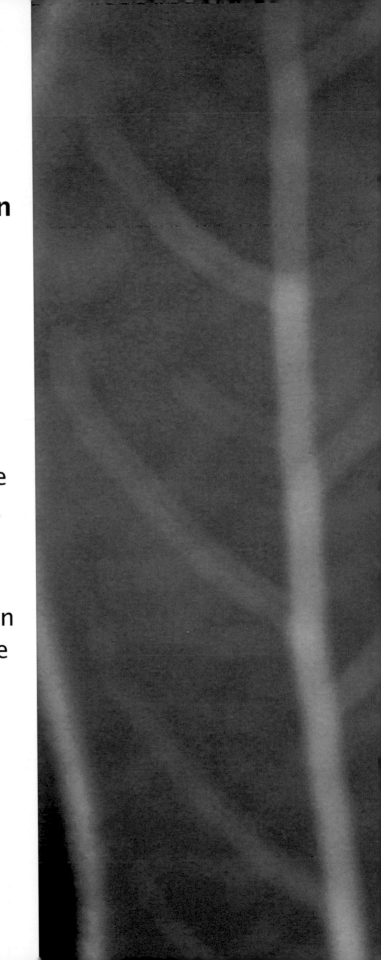

## Mito: Todas las abejas mueren luego de que pican

Si una abeja pica, la abeja fallece. Debido a las púas, o ganchos, en su punta, el aguijón de la abeja se queda pegado al animal en caso de que lo pique. Cuando la abeja se aleja volando, su aguijón y parte de su cuerpo se mantiene en el animal que ha picado y la abeja muere.

Los abejorros, avispones, vespulas y otras avispas pueden picar una y otra vez sin hacerse daño, ya que sus aguijones son suaves y se pueden retirar fácilmente de cualquier cosa que hayan picado.

## Mito: Tu rostro se congelará

Así como para los animales, los mitos también existen para las personas. A veces se les dice a los niños que si hacen una mueca su rostro se congelará y se quedará así para siempre. ¡Evidentemente esto no es verdad!

# Para las mentes creativas

## Las arañas no son insectos

Algunas personas piensan que las arañas son insectos, pero esto no es cierto. Los insectos tienen seis patas y tres partes del cuerpo. Las arañas tienen ocho patas y dos partes del cuerpo. ¿Puedes identificar cuáles son insectos y cuáles son arañas?

1

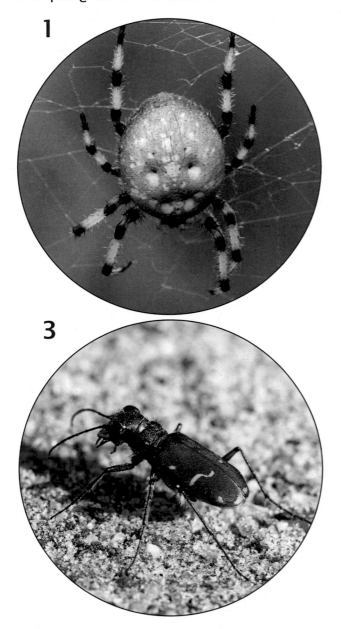

2

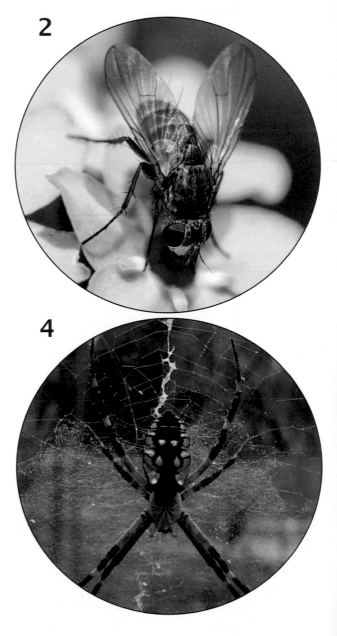

3

4

Respuestas: Insectos: 2, 3 Arañas: 1, 4

# Une a los animales con sus defensas

Todos los animales tienen adaptaciones que les ayudan a defenderse. ¿Puedes unir al animal con sus defensas?

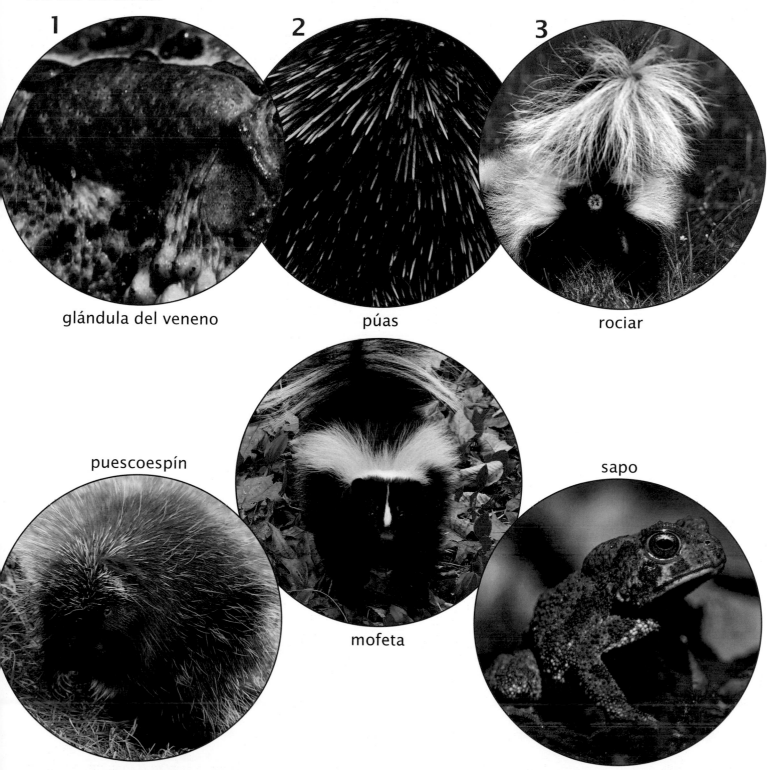

1

glándula del veneno

2

púas

3

rociar

puescoespín

mofeta

sapo

Respuestas: 1-sapo, 2-puercoespín, 3-mofeta rayada

Este libro está dedicado a Pat Henderson, cuyo ánimo y fe inimaginable hacia mí ayudó a impulsar mi carrera en la escritura. —MH

Gracias a Sadie Brown por el uso de la foto de su hija, Lily Piper, haciendo una mueca.

Gracias al personal y voluntarios de la Cedar Bog Nature Preserve por la verificación de la información presente en este libro.

Library of Congress Cataloging-in-Publication Data

Names: Holland, Mary, 1946- author.
Title: Mitos de animales / por Mary Holland.
Other titles: Animal myths. Spanish
Description: Mt. Pleasant, SC : Arbordale Publishing, [2023] | Translation of: Animal myths. | Includes bibliographical references.
Identifiers: LCCN 2022051352 (print) | LCCN 2022051353 (ebook) | ISBN 9781638172611 (paperback) | ISBN 9781638172796 (epub read along) | ISBN 9781638172734 (pdf) | ISBN 9781638170006 (interactive dual-language, read along)
Subjects: LCSH: Animals--Miscellanea--Juvenile literature.
Classification: LCC QL49 .H68418 2023  (print) | LCC QL49  (ebook) | DDC 590--dc23/eng/20221031

English title: *Animal Myths*
English paperback ISBN: 9781643519814
English ePub ISBN: 9781638170389
English PDF ebook ISBN: 9781638170198
Dual-language read-along available online at www.fathomreads.com

Spanish Lexile® Level: 880L

## Bibliography

Holland, Mary.  Naturally Curious: A Photographic Field Guide and Month-by-Month Journey through the Fields, Woods, and Marshes of New England. Second Edition. Trafalgar Square Books.  North Pomfret, VT,  2019.  Winner, National Outdoor Book Award.

Elaborado en los EEUU
Este producto se ajusta al CPSIA 2008

Arbordale Publishing
Mt. Pleasant, SC 29464
www.ArbordalePublishing.com